¿Puedes encontrar estas plantas y flores dentro del libro?
trompeta de ángel rojo
helecho
guayaba*
cactus órgano*
membrillo
magnolia grandiflora
geranio
pitahaya*
coco
*NATIVO DE MÉXICO

A los lectores pequeños y grandes: sigue creciendo en tu propia dirección y verás tu corona florecer.

Un agradecimiento especial a la Dra. Cuepocanxochitl D. Moreno Sandoval, profesora asociada de Estudios Nativoamericanos e Indígenas Mexicanos en la Universidad Estatal de California, Stanislaus. Eres una flor. -N.A.S.

Para mis padres, Paula y Celerino, que cultivaron mi amor por nuestras raíces mexicanas y me apoyaron en mi crecimiento artístico. -L.L.

Título original: *Frida Kahlo's Flower Crown*
Publicado bajo acuerdo con Abrams Books for Young Readers, un sello de ABRAMS, Nueva York.

Primera edición: agosto de 2025

Publicado por Vintage Español®, marca registrada de
Penguin Random House Grupo Editorial USA, LLC
8950 SW 74th Court, Suite 2010
Miami, FL 33156

Traducción: ©2025, Nydia Armendia-Sánchez
Diseño: Melissa Nelson Greenberg
Ilustración de cubierta: © 2025, Loris Lora

Impreso en Colombia / *Printed in Colombia*

Información de catalogación de publicaciones disponible
en la Biblioteca del Congreso de los Estados Unidos

ISBN: 9798890983985

25 26 27 28 29 10 9 8 7 6 5 4 3 2 1

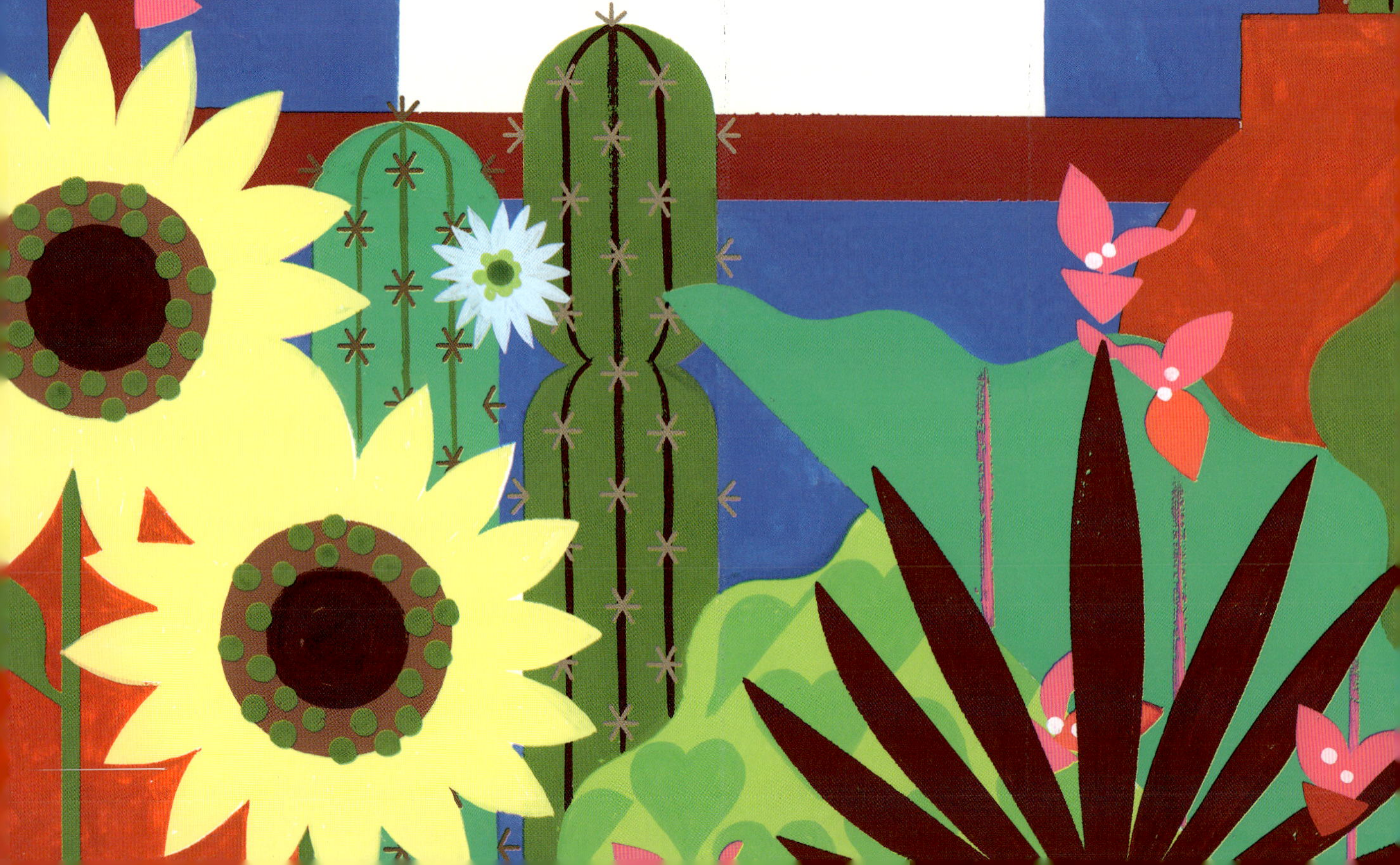

Nydia Armendia-Sánchez

ilustraciones de **Loris Lora,**
Pura Belpré Honor

Vintage Español

Como una semilla,
Frida brotó
atravesando la tierra
en el lugar donde una vez
correteaba el *coyotl*.

Coyoacán fue el lugar donde Frida creció.

Un naranjo perfumaba el jardín.
Yuca, helechos, girasoles,
geranios, palmeras
y rosas
revestían las paredes;
verde contra índigo.
Temporada tras temporada,
Frida floreó
buscando el cielo.

En una temporada,
su pierna se atrofió
a causa de la polio.

Pero
la nutrieron
el aire libre
y su imaginación.

Frida se escapaba
a un mundo mágico
con una amiga imaginaria
y se escondía bajo su árbol de
cedro favorito.

Erguida y fuerte de nuevo,
Frida jugaba,
trepaba
y remaba.

Los paseos
por el parque
y por el río rugiente
estaban llenos
de descubrimientos.

¡Un pájaro!
¡Una piedrita!
¡Un insecto alado!
Frida prensó
pétalos y hojas en sus libros.

Frida coleccionó
caracoles, mariposas,
dibujos y acuarelas
que atesoraba en su bolso.

Se estiraba
hacia el sol,
empapándose de sabiduría con cada amanecer.

Cuando Frida estaba en pleno crecimiento, casi muere en un accidente de tranvía.

Aunque su cuerpo se rompió como un tallo, el arte y la creatividad la animaron.

Las raíces de Frida
se extendieron de nuevo,
y su mano se movía como una hoja,
doblándose y meciéndose,
pinceladas guiadas por la brisa.

Frida se reavivó
a través de la pintura, reconectándose
con la naturaleza
y con su tierra ancestral.

En su jardín,
Frida plantó
flora nativa:
cactus órgano,
agave,
nopal,
cactus viejo,
ciprés
y ñame silvestre.

Así Frida se sintiera en plena floración
o reseca y sedienta,
Frida sembraba
zinnias, magnolias, flores de pascua,
trompetas de ángel rojas y filodendros
en su arte.

Frida recogía
guayabas dulces, pitahayas,
tejocotes, cocos, chirimoyas, calabazas,
zapotes blancos, chicozapotes y sandías.

Frida cortó
bellas buganvillas,
divinas dalias
y geniales girasoles
para adornar su cabello.

Una corona de flores,
trenzada con cintas.

Una corona de flores,
tejida con inspiración.

Una corona de flores,
arraigada en el amor.

Frida floreció.

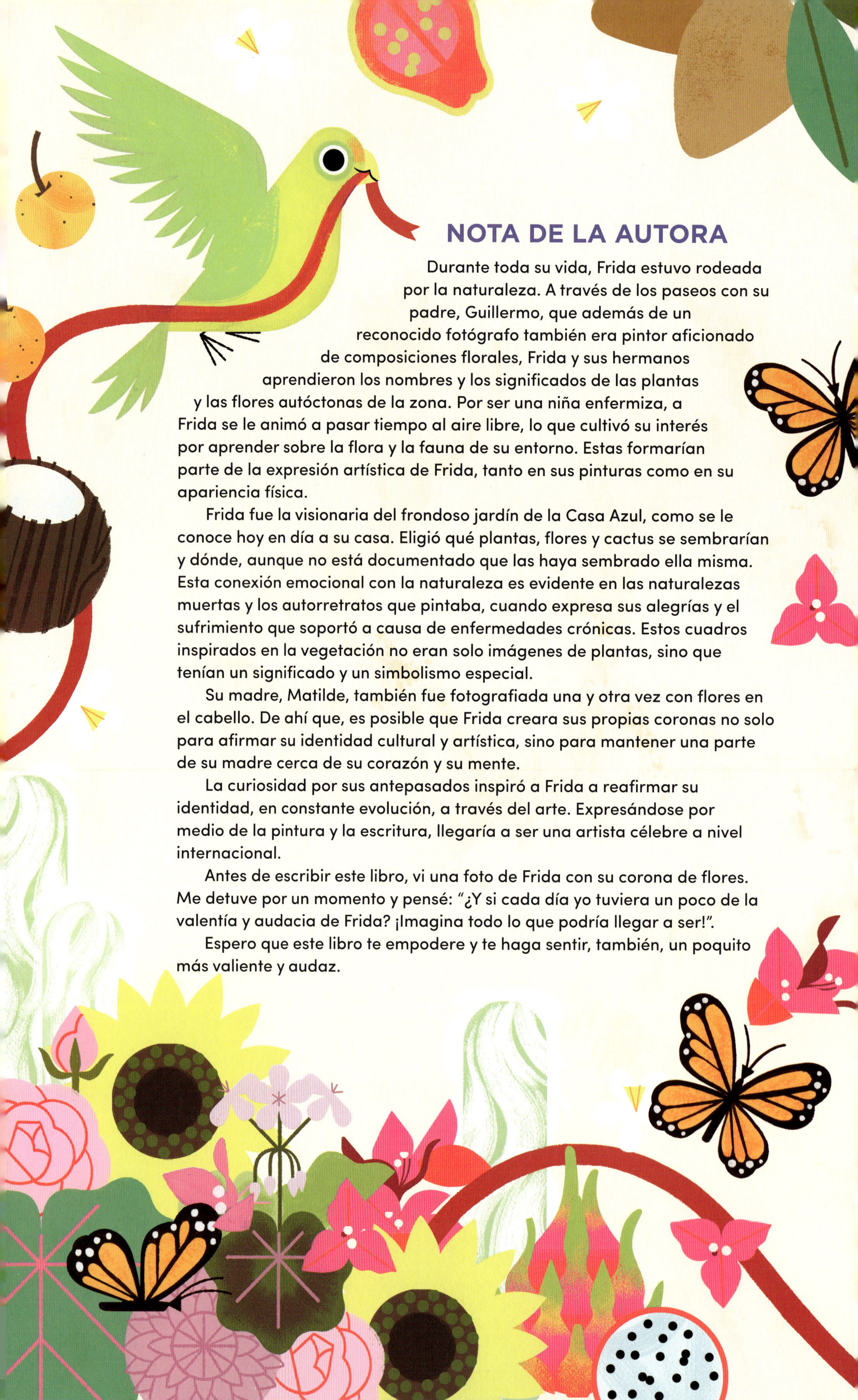

NOTA DE LA AUTORA

Durante toda su vida, Frida estuvo rodeada por la naturaleza. A través de los paseos con su padre, Guillermo, que además de un reconocido fotógrafo también era pintor aficionado de composiciones florales, Frida y sus hermanos aprendieron los nombres y los significados de las plantas y las flores autóctonas de la zona. Por ser una niña enfermiza, a Frida se le animó a pasar tiempo al aire libre, lo que cultivó su interés por aprender sobre la flora y la fauna de su entorno. Estas formarían parte de la expresión artística de Frida, tanto en sus pinturas como en su apariencia física.

Frida fue la visionaria del frondoso jardín de la Casa Azul, como se le conoce hoy en día a su casa. Eligió qué plantas, flores y cactus se sembrarían y dónde, aunque no está documentado que las haya sembrado ella misma. Esta conexión emocional con la naturaleza es evidente en las naturalezas muertas y los autorretratos que pintaba, cuando expresa sus alegrías y el sufrimiento que soportó a causa de enfermedades crónicas. Estos cuadros inspirados en la vegetación no eran solo imágenes de plantas, sino que tenían un significado y un simbolismo especial.

Su madre, Matilde, también fue fotografiada una y otra vez con flores en el cabello. De ahí que, es posible que Frida creara sus propias coronas no solo para afirmar su identidad cultural y artística, sino para mantener una parte de su madre cerca de su corazón y su mente.

La curiosidad por sus antepasados inspiró a Frida a reafirmar su identidad, en constante evolución, a través del arte. Expresándose por medio de la pintura y la escritura, llegaría a ser una artista célebre a nivel internacional.

Antes de escribir este libro, vi una foto de Frida con su corona de flores. Me detuve por un momento y pensé: "¿Y si cada día yo tuviera un poco de la valentía y audacia de Frida? ¡Imagina todo lo que podría llegar a ser!".

Espero que este libro te empodere y te haga sentir, también, un poquito más valiente y audaz.

¡HAZTE UNA CORONA!

Si te encanta la corona de Frida, haz una para ti.

Materiales de tu tienda de manualidades:

- alambre de floristería
- alicates para cortar y doblar el alambre
- cinta verde de floristería (*tape* floral)
- tijeras
- flores (naturales o artificiales)
- trozos de cinta, serpentinas, plumas u otras decoraciones de tu elección (opcional)

Paso 1: Mide tu cabeza con el alambre. Pídele a un adulto que te ayude a cortar el alambre, con los alicates, a la medida correcta y une los extremos para cerrar el círculo. Usa la cinta verde (o *tape* floral) para cubrir el alambre, tirando con fuerza mientras lo forras por completo, asegurando que no sobresalga ningún alambre puntiagudo.

Paso 2: Con la ayuda de un adulto, corta las flores con tijeras. Deja un tallo de dos o tres pulgadas (10-20 centímetros) en la base de cada flor.

Paso 3: Añade las flores una a la vez. Con el *tape* floral, adhiere cada flor desde el tallo al círculo. Sigue fijando las flores. Repite este paso hasta que la base de la corona esté completamente llena.

Paso 4: Si lo deseas, agrega cintas de colores, serpentinas o plumas en la parte trasera.

Opción sostenible: Recoge flores silvestres o, para hacer una corona de hojas, utiliza ramas de eucalipto. Recicla materiales para la base de la corona, como limpiapipas (escobillas), cintas de colores o estambre (hilo/lana) para decorarla.

BIBLIOGRAFÍA

Henestrosa, Circe, y Claire Wilcox, ed. *Frida Kahlo: Making Her Self Up* [Frida Kahlo: creándose a sí misma]. London: V&A Publishing, 2018.

Herrera, Hayden. *Frida: A Biography of Frida Kahlo* [Una biografía de Frida Kahlo]. New York: Harper and Row, 1983.

Museo Frida Kahlo. *Frida Kahlo, vida y pasiones*. Ponencia en el Museo Frida Kahlo, Ciudad de México, 9 de marzo de 2021.

Packard, Emmy Lou. Borrador de un capítulo de un libro inédito sobre Frida Kahlo, 1977.

Emmy Lou Packard Papers, 1900–1990. Archivos de arte americano, Smithsonian Institution. www.aaa.si.edu/collections/items/detail/draft-chapter-unpublished-book-frida-kahlo-and-diego-rivera-19986.

Schjeldahl, Peter. *Native Soil: What Frida Kahlo Cultivated.* [Tierra autóctona: los cultivos de Frida Kahlo] *The New Yorker*, May 18, 2015. www.newyorker.com/magazine/2015/05/25/native-soil.

Stahr, Celia. *Frida in America: The Creative Awakening of a Great Artist* [Frida en Estados Unidos: el despertar creativo de una gran artista]. New York: St. Martin's Press, 2020.

Zavala, Adriana. *Frida Kahlo's Garden* [El jardín de Frida Kahlo]. Editado por el New York Botanical Garden. Munich: Prestel, 2015.

¿Puedes encontrar estas flores y plantas dentro del libro?
nopal*
tejocote*
palmera datilera
albaricoque
zinnia*
filodendro*
rosa
yuca*
chirimoya*
*NATIVO DE MÉXICO